AF224448

LE
SUFFRAGE UNIVERSEL

DÉDIÉ A LA FAMILLE

représentée par son chef

LE PERE DE FAMILLE

PAR JUSTIN ANDRÉ,

ANCIEN CAPITAINE DE GARDE MOBILE, EX-COMMANDANT DE GARDE NATIONALE,
LICENCIÉ DE JUIN 1833, A L'ÉCOLE POLYTECHNIQUE.

> La femme écrasera la tête du serpent.
> (LA GENÈSE.)

PARIS

CHEZ GARNIER FRÈRES, LIBRAIRES,

PALAIS-NATIONAL.

1850

PARIS. — IMPRIMERIE CENTRALE DE NAPOLÉON CHAIX ET Cie,
Rue Bergère, 20.

A LA FAMILLE

Représentée par son Chef, le Père de Famille.

Je n'ai jamais parlé qu'à des soldats; mais comme en France tout le monde est soldat au besoin, j'espère vous convaincre. Je viens vous offrir mon travail, quelque imparfait qu'il soit. Aussi je réclame votre indulgence. Ne voyez que le but que je me propose, et si tout ce qui part du cœur a quelque mérite à vos yeux, vous vous associerez à mon œuvre. Je demande l'avènement de la famille, grand acte politique, plein de justice et d'équité, qui contribuerait puissamment à éloigner de la République les violences des partis qui sont si préjudiciables à l'amélioration morale et matérielle des travailleurs. N'êtes-vous pas effrayés pour l'Humanité des progrès de l'individualisme qui nous laisse isolés et sans force devant nos passions? Aussi je viens vous proposer de venir en aide à cette institution sacrée, qu'il faut ramener dans la voie du Christianisme, si nous voulons arrêter les progrès du désordre moral.

LE

SUFFRAGE UNIVERSEL.

La femme écrasera la tête du serpent.

(La Genèse.)

I.

Qu'est-ce que la famille? En politique, rien. Que doit-elle être? Tout.

On a détruit avec juste raison le droit d'aînesse, qui était un privilége. Ce droit constituait un des plus puissants étais de la famille aristocratique. Prouvons au monde que, si la démocratie sait détruire les mauvaises institutions, elle est habile à consolider les bonnes, et qu'elle ne laisse pas sans armes ni défense celles qui sont le fondement de toute société.

Que l'on nous permette quelques considérations générales.

II.

Nous avons remplacé l'hérédité par la loi qui commande de choisir le plus digne, et fondé ainsi la République pour mettre fin aux insurrections, parce que nous avons, comme dit Châteaubriand, un profond amour pour l'égalité, ne sommes-nous pas pleins de misères et d'ambitions personnelles; ces ambitions matérielles grandissent à mesure que les homme croyent avoir quelques droits au pouvoir. La loi qui ordonne de choisir celui qui est le fils de ses œuvres est donc préférable à celle de l'hérédité. Diogène n'a-t-il pas en vain passé sa vie à chercher un homme? Et, l'eût-il trouvé, son fils eût-il été digne de lui?

III.

L'esprit partout dompte la matière.

L'homme étant au physique un composé de matière, ses passions agissent le plus souvent sur son intelligence d'une manière fatale, et les lois de justice qui sont dans son cœur ne sont plus suffisantes, malgré l'opinion des anarchistes; de là la nécessité des lois sociales.

Les digues que l'homme construit sur les fleuves ont cela de commun avec les lois, que, lorsqu'elles sont convenablement faites, les unes et les autres donnent l'abondance, les unes à la terre, les secondes aux nations. Si, au contraire, les lois sont injustes et arbitraires, de même que les barrages trop élevés sur les cours d'eau occasionnent la formation de marais pestilentiels, de même les mauvaises lois corrompent les générations jusque dans leurs sentiments les plus intimes.

IV.

On doit commencer le travail pacifique de la régénération par faire des lois pour moraliser les hommes; ce grand résultat obtenu autant qu'il est possible, les réformes devenues nécessaires se feront sans peine et sans causer les perturbations sociales que redoutent avec raison les hommes d'ordre et de paix. Comment les hommes seraient-ils moraux, puisque le plus souvent ils sont le fruit de l'immoralité, par suite d'un hymen basé sur un sordide calcul? On aura beau entasser les lois : si la société pèche par la base, elles seront comme non avenues.

V.

Il est en nous deux natures : l'une matérielle; l'autre divine, qui donne naissance à la fraternité, et doit toujours dominer la première. Les lois des hommes viennent le plus souvent en aide exclusivement à la première de nos deux natures.

La religion qui doit nous rappeler notre origine divine, ne suffit plus aujourd'hui à cette noble tâche, à moins qu'elle ne s'empresse de donner la main à la philosophie positive (1).

---

(1) Nous croyons être sur les traces de la solution de cette grande question qui détruirait l'indifférence religieuse; ce grand problème, qu'il faut

Dans tout état de choses, l'heure arrive où l'on devra entrer plus avant dans cette voie de la fraternité, afin de faire aimer l'état social et ceux qui ont pour mission, en le gouvernant, de lui faire produire de grandes choses, tout en défendant les intérêts des travailleurs. Alors on ne le flétrira plus du nom de monopole.

Ainsi nous devons travailler tous les jours à rendre les lois plus fortes, surtout celles qui régissent la famille. Il est indispensable qu'elles soient l'essence même de la justice, pour être environnées de plus de respect.

Appliquons ces principes à la loi que l'on est convenu d'appeler le suffrage universel.

Nous le demandons à tous ceux qui sont de bonne foi, est-il juste et bien moral qu'une famille divisée puisse influer sur la politique d'un pays? Il suffit pour cela que les enfants soient d'un autre avis que leur père. Ne serait-il pas plus équitable qu'il fût écrit que toute famille qui donne à la société le triste spectacle de divisions est impropre à influer sur la politique du gouvernement? La morale commande cette prescription.

Le père de famille qui n'est pas vénéré et respecté chez lui est malheureux d'être père. Aussi la loi devrait lui

---

resoudre sous peine de mort pour l'ordre social, se rattache à de nombreuses considérations philosophiques qui ne sauraient trouver place ici; nous dirons seulement que la société ne peut vivre que dans le désordre et l'anarchie, si nous ne possédons pas une arme puissante contre nos passions; mais par contre il faut que jamais les hypocrites ne puissent s'en servir pour agrandir leur influence. Le danger que court la société par le fait du suffrage tel que nous le pratiquons, est si imminent, que nous avons dû mettre toute crainte et tout scrupule de côté, pensant que chacun doit apporter une pierre à l'édifice qui menace ruine.

donner le droit d'empêcher le mal que peuvent faire ses enfants. Et que l'on ne s'y trompe pas. Dans les deux camps qui se sont formés à la suite de ce que nous appelons le suffrage universel, tel que nous le pratiquons, on élèvera presque toujours au pavois des hommes de désordre et de renversement. La vertu, le mérite, le travail, l'intelligence, la probité politique, les formes, le génie même, seront mis à l'écart.

On leur demande seulement : « Êtes-vous royaliste ou révolutionnaire, et renverserez-vous ce qui existe? »

Il est temps cependant que les hommes arrivent à pour fonder ce grand parti de l'ordre dans la République, dans lequel doivent se fondre toutes les dissidences. C'est sur ce terrain que s'entendront facilement tous les hommes qui veulent sincèrement le bien du pays.

On marchera dans cette voie en proclamant ce grand principe, que le citoyen politique doit être constitué par la famille, *père, mère, enfants*. Le christianisme dans ses dogmes ne nous montre-t-il pas l'exemple à suivre?

Le père de famille seul signerait les bulletins de vote pour lui et les siens ; s'il ne sait pas écrire, il serait remplacé par l'un des enfants qui l'accompagnerait à cet effet

A moins de protestation adressée au maire de la part des divers membres de la famille, la signature du père serait bonne et valable aux yeux de l'autorité.

VI.

On pourrait remplacer avec avantage les bulletins de vote actuels par une liste de mérite des citoyens ;

ces listes, qui seraient conservées aux archives des sections électorales, serviraient à construire les listes de mérite de département, qui paraîtraient à des époques déterminées par la loi, et sur lesquelles se constitueraient les pouvoirs publics de toute nature, qui se perpétueraient ainsi, par voie de changements individuels *sans intermittence*, vice que comportent les institutions actuelles, et chacun sait combien les crises électorales sont funestes au commerce, qui est la vie des nations civilisées. Dans l'armée, on détermine les diverses aptitudes d'un militaire par des nombres; le règlement fixe leur maximum; la moyenne de ces nombres fixe le rang que le sujet occupe sur la liste de mérite. C'est sur l'armée, qui (malgré les grandes améliorations qu'elle comporte) est fortement organisée, ce qui est très-heureux pour la consolidation de la République, que nous ferions bien de prendre exemple dans la question qui nous occupe, pour donner plus de stabilité aux pouvoirs politiques et respecter les droits acquis; les nouveaux candidats pour l'emporter sur les titulaires d'emplois, devraient obtenir en sus de ces derniers un maximum de suffrages fixé par la loi.

Un mandataire devant toujours être à la disposition de celui qui l'envoie, le peuple souverain ne saurait abdiquer ses pouvoirs pendant plusieurs années, et laisser ainsi violer son principe sans que ce principe ne perde de sa force, dont certes il a le plus grand besoin pour entretenir le respect que chacun doit à la loi républicaine qui doit se substituer au pouvoir héréditaire des hommes. C'est par elle que le principe d'égalité pénétrera de plus en plus dans nos mœurs, en suivant les préceptes du christianisme ; la force lui fera moins défaut qu'à la monarchie pour établir l'ordre et le progrès : les hommes qui sont au pouvoir n'ont qu'à le vouloir sincèrement ; cela tient à ce que, dussions-nous être traités de monarchistes par les hommes de l'anarchie, nous crierons tous volontiers vive le Président et jamais vive le roi ; parce que la République élève tous les nobles sentimens humains et que l'instruction est assez répandue aujourd'hui pour qu'un président seul puisse relever le principe d'autorité dont nous aurons besoin encore pendant de longues années, tant que la démagogie ne sera pas domptée à jamais par des lois plus justes, mais sévères et inflexibles.

VII.

Revenons à notre sujet. En agissant comme nous proposons de le faire, on travaillera à la constitution morale de la famille ; nous donnerions sans danger une liberté de plus au monde ; l'épouse grandirait en considération, et aurait en son pouvoir *une arme honorable* pour se défendre contre le débordement des mœurs du mari, qui trop souvent n'a aucun respect pour elle après avoir pris sa dot. Alors la loi donnerait un démenti formel au grand apologiste de l'anarchie qui a jeté au monde ce dilemme impie et matérialiste, en parlant de la femme : *Ménagère ou courtisane.*

L'homme est visiblement destiné à être le protecteur de la femme ; qu'il le soit avec tendresse et générosité. Sa compagne est faite pour lui plaire, pour adoucir son cœur par des impressions tendres; ses armes sont les grâces. Que l'époux soit assez généreux pour attendre tout de la tendresse d'une épouse plutôt que de sa soumission, et ils seront heureux; car on est plus fort à deux pour supporter les joies et les peines de ce monde.

VIII.

Nous sommes de ceux qui pensent que jamais une femme n'est mieux placée que dans son intérieur; nous préférerions néanmoins que l'épouse de celui qui a une mission à remplir dans la société fût apte à l'aider dans son œuvre, que de la voir passer sa vie à faire des broderies futiles ou à des causeries quelquefois dangereuses : les femmes y gagneraient généralement en considération.

Honneur aux Parisiens qui sont si intelligents! ils ont compris la vérité de ce que nous avançons. La plupart d'entre eux confient leur comptabilité commerciale à leurs femmes, et je ne sache pas qu'ils en soient jamais fâchés ; ce serait autant de nouvelles intelligences mises à la disposition de la société, et le moyen de faire déverser des torrents de poésie sur notre siècle déjà trop positif, dans l'acception matérielle du mot.

On nous dira : Vous allez multiplier les mariages, puisqu'il faudra avoir des enfants ou en adopter pour être quelque chose dans l'Etat, et par cela même vous allez encore morceler les fortunes. Où serait le mal si on pouvait en quelque sorte détruire ces lignes de démarcations aristocratiques basées exclusivement sur l'argent, rappeler par ce moyen dans les terres une partie de la population des villes, et qu'un bien plus grand nombre d'hommes eût plus d'éducation et de bien-être? On n'aurait bientôt plus besoin d'être gouvernés, mais simplement administrés, si les hommes étaient plus moraux et les lois plus justes; il n'y aurait alors que ceux qui auraient des intentions coupables qui oseraient les attaquer, et l'on en ferait prompte justice.

Tout ce que nous avançons à l'avantage du mariage est si vrai, que l'accroissement du bien-être matériel a grandi jusqu'à nos jours depuis l'abolition du droit d'aînesse, parce que les mariages se sont multipliés. Il reste un pas à faire dans cette voie, un homme établi inspirant plus de confiance que celui qui ne l'est pas, malgré que la loi ne lui accorde d'autre immunité que celle de payér de plus lourds impôts à mesure que le nombre de ses enfants augmente. Laissons le célibat en tutelle, après avoir reconnu les droits de la femme, afin d'améliorer la condition morale du mariage; nous aurons moins de filles perdues, moins de maris déshonorés, plus d'enfants légitimes moralisés, et la devise de la République: Liberté, Egalité, Fraternité, deviendra l'égide de la famille.

Ce n'est pas l'accroissement de la population aisée que doit redouter l'homme d'Etat, c'est celui de la population pauvre qu'il doit craindre. La loi que nous proposons aurait pour effet de diminuer, en quelque sorte, le nombre de mariages tout-à-fait sans fortune, puisque la femme serait en général plus recherchée qu'aujourd'hui.

Les jeunes filles pauvres ne se presseraient pas de

se mettre dans la misère, lorsque leurs prétendus se raient à bout de ressources ; il y aurait une plus grande fusion dans ce qu'on appelle les diverses classes de la société, tout cela au profit de l'humanité et de la réconciliation de la démocratie ; le domaine du travail serait agrandi par l'ambition légitime de ces nouveaux pères de famille, dont l'avoir serait augmenté de la dot de leurs femmes ; le prix des choses matérielles baisserait par le travail dans des proportions considérables, surtout si l'État favorisait l'association et en donnait luimême l'exemple ; cette centralisation que nous devons au génie du grand homme et qui est appelée à nous donner un jour de si beaux résultats, ne serait plus un entrave dont on finit par se plaindre ; bientôt les versants des montagnes seraient arrosés, et pas une goutte d'eau n'arriverait à la mer sans avoir fécondé le sol ; les mers seraient réunies entre elles, les continents seraient reliés par des chemins de fer tunnels.... Les aristocraties ellesmêmes, après nous avoir envié notre gloire, finiraient par se perdre dans ce grand océan d'égalité.

IX.

On nous dira que nous allons, au contraire, multiplier le nombre des discussions dans la famille. Certainement si le milieu dans lequel elle vit n'était pas amélioré par notre réforme, l'on aurait à craindre que cette objection ne devînt capitale ; mais comme, par notre loi, les mariages seraient mieux assortis dans l'avenir, la crainte

que l'on nous exprime n'est pas fondée ; et de même que
dans une famille où règne le bon accord on vote comme
un seul homme, nous pensons que l'on se ferait des con-
cessions mutuelles, que les simples prescriptions d'une
bonne éducation inspireraient le respect dû au père de
famille, et que l'épouse qu'il aurait choisie selon son
cœur ne l'entraverait jamais dans la mission active et fé-
conde que lui confie la société ; les liens de famille seraient même resserrés par le besoin que l'on aurait les
uns des autres.

Les dissensions de cette nature dans les mariages actuels, en admettant que notre réforme en fît naître pour
eux, serviraient de leçon aux fiancés, qui réfléchiraient
davantage, avant de s'unir pour la vie, lorsque la plus
grande sympathie n'existerait pas entr'eux. Du reste,
quel est l'enfantement qui n'est pas douloureux ?

Tous ces obstacles renversés, l'épouse bien aimée por-
terait la tête haute au milieu de ses enfants, et rejetterait
fièrement du pied tous ces systèmes bâtards qui blessent
la pudeur, exaltent le plaisir des sens, détruisent la famille, comme si l'esprit qui, depuis que le monde est en
travail, domine la matière, devait abdiquer et se laisser
envahir par elle.

Tous ces systèmes dénotent jusqu'où peut aller l'aber-
ration des hommes lettrés qui veulent gouverner le monde
avec le produit de leur imagination, sans tenir compte
des progrès du positivisme, lorsqu'ils s'estimaient heureux autrefois d'être appelés à la table des grands pour
les distraire.

X.

Que de vertus réunies dans une jeune fille entourée du luxe des grandes villes, gagnant quelques sous par jour, si elle résiste à la séduction qui se présente à elle sous mille formes !

Cette grande question de la femme a été étouffée dans le ridicule, après la révolution de Février, par la faute de quelques énergumènes; sans doute parce que son heure n'avait pas sonné, et peut-être aussi parce qu'elle était la question capitale.

Nous qui blâmons ceux qui ont mis dans la bouche du Christ ces paroles adressées à sa mère : « Femme , qu'y a-t-il de commun entre vous et moi ? » et qui rendons des actions de grâces à Marie, à cause de la naissance de celui qui a régénéré le monde, nous pensons avec le poëte que plus la femme est abaissée, plus on lui doit d'égards, afin de lui faire aimer la vertu. Aussi, lorsque la société ouvrira les yeux, elle consacrera les droits de la femme, en proclamant ce principe, que le citoyen politique n'est légalement constitué que par la réunion de la famille; alors ce que Dieu et les hommes ont lié sur cette terre, sera resserré dans tous les actes de la vie publique.

L'union des époux et des enfants doit être indivisible devant la loi pour relever la condition morale de l'épouse. N'est-il pas absurde, en effet, qu'un crétin dont jamais femme n'a voulu pour époux, ait le droit de participer aux lois, tandis qu'une laborieuse mère de famille, qui a produit avec avantage ses enfants dans le monde, n'a aucun droit dans ces grandes questions d'où dépend l'avenir de l'humanité ?

La femme apporte tous les jours des soulagements dans l'intérieur des familles ouvrières : aussi c'est toujours à elle que s'adressent d'abord les malheureux, dont elle connaît mieux que nous les besoins.

Une plus grande conformité de mœurs et de caractère présiderait dans l'union des époux, si la femme avait quelques droits, et les intérêts matériels, qui occupent presque toujours le premier rang dans le mariage, perdraient de leur importance.

Les enfants, n'ayant que des exemples de paix et d'amour dans la famille, lorsqu'un sentiment profond et véritable aurait présidé à l'union des époux, la sympathie serait l'autel sacré de l'hymen, et les générations deviendraient meilleures au physique et au moral, le mariage rentrant dans la voie du christianisme, d'où il n'aurait jamais dû sortir.

XI.

Alors on ne verrait plus un homme de talent à la tête de ceux qui veulent bouleverser la société pour s'élever sur ses ruines, écrire, aux applaudissements de la démagogie, les paroles suivantes :

« Quant à la famille, je voudrais bien qu'on me mon-
» trât ce que fait pour elle le régime social qu'on donne
» comme son palladium. Ah ! que nos adversaires le sa-
» chent donc et s'en souviennent : c'est parce que la fa-

» mille est l'institution sacrée et inviolable par excellence,
» qu'il faut un milieu plus pur que celui au sein duquel on
» le voit aujourd'hui se dépraver et se dissoudre. Prenons
» la *Gazette des tribunaux*, et lisons quels sombres drames !
» C'est une femme qui a empoisonné son mari pour mar-
» cher parée de ses dépouilles ; ce sont deux frères qui,
» à quelques pas d'une fosse qui vient de s'ouvrir, se dis-
» putent avec scandale les lambeaux de l'héritage pater-
» nel ; c'est la brutalité du despotisme conjugal com-
» battue par les ruses de l'adultère ; c'est un enfant qu'on
» a trouvé nu, meurtri et affamé dans un cachot où
» l'avaient jeté ses parents ; c'est un fils qui a reçu de
» son père des leçons de vol ; une fille qui a reçu de sa
» mère des leçons de débauche ! Telles sont les funèbres
» lueurs qui, d'intervalle en intervalle, viennent éclairer
» la nuit dont la vie privée s'enveloppe. Mais que d'af-
» freux débats restent dans l'ombre ! A combien de scènes
» terribles qu'on ne connaîtra jamais, correspond cha-
» cune de celles que fait découvrir un excès d'impru-
» dence ou le hasard !

» Voyons ! que ce régime social si saintement protec-
» teur de la famille réponde ! on lui demande pourquoi
» l'adultère y est enseigné sur tous les théâtres, appris
» dans tous les romans, chanté par tous les poëtes. De
» fait, qu'est-ce que le mariage aujourd'hui, c'est-à-dire
» sous le règne du capital ? Si, pour avoir une définition,
» j'interroge le code, il m'apprend que le mariage est
» une association à peu près semblable à la société com-
» merciale en nom collectif. Le code, dans ses dispositions
» diverses, traite volontiers le mariage comme un éta-

» blissement d'une espèce particulière, dont le mari est
» le gérant. Si je consulte les faits, je trouve que le ma-
» riage est presque toujours un marché, une spéculation,
» un moyen de faire ou d'arrondir sa fortune, et selon le
» style du code, une des différentes manières dont s'ac-
» quiert la propriété. Attrait naturel, union de deux
» cœurs émus d'amour, lois souveraines de la sympa-
» thie, tout cela passe après l'acte qui règle les conven-
« tions matrimoniales. Le notaire, ici, est le personnage
» important, à tel point que dans l'ordre des formalités,
» l'acte devant notaire précède la célébration. Et ces
» mœurs ont créé un langage digne d'elles : on n'é-
» pouse pas une femme qu'on aime, *on épouse dix,*
» *quinze, vingt mille* livres de rentes, et.... des ESPÉRAN-
» CES. Des espérances, c'est ainsi qu'on nomme dans la
» grammaire matrimoniale, la mort des parents. Que
» vous semble de l'influence que le régime actuel exerce
» sur la constitution de la famille? »

Quel déplorable tableau, et combien il est à regretter
que celui qui a écrit ces lignes ait préféré une fausse popu-
larité au devoir qui ne cesse qu'avec la vie ! La république imposait aux ouvriers l'obligation de travailler une
heure de plus, comme elle imposait des obligations nouvelles à tous les autres citoyens. M. Louis Blanc, au lieu
de débattre, dans l'intérêt des ouvriers, le prix de cette
heure de travail avec les patrons, a diminué le travail
d'une heure ; il a porté, par cela même, atteinte au crédit
de la République ; car non-seulement on a eu plus de
temps pour faire des manifestations politiques auxquelles
se mêlent toujours des hommes de désordre, mais encore

ces deux heures de travail eussent jeté plusieurs millions dans le commerce. Porter atteinte au travail de l'homme, c'est diminuer l'œuvre de Dieu. Aussi le capital, qui n'est autre chose que du travail accumulé, doit-il être respecté ; les lois doivent tendre à l'ennoblir. Pour atteindre ce but, l'Etat doit donner l'exemple de l'association, et la favoriser par tous les moyens possibles, mais jamais elles ne doivent porter atteinte au capital (1); car, sans lui, plus de ces grands outils dispendieux, à l'aide desquels un homme peut faire le travail de plusieurs milliers de ses semblables, plus de chemins de fer, d'écluses sur les fleuves, plus de navigation, plus rien.... que misère, paresse, ignominie et mort pour des millions de malheureux ouvriers. Ces messieurs agissent comme ce médecin qui, pour guérir un malade, se contenterait de sonder la plaie ; car les remèdes qu'ils offrent donneraient la mort au malade.

Que l'on nous pardonne ces digressions et revenons à notre sujet.

XII.

Nous considérons le suffrage universel, tel que nous le pratiquons, comme une arme que les légitimistes ont mis entre les mains du peuple, afin qu'il fasse lui-même leurs propres affaires; et, certes, le nombre de ceux qui s'en font un levier contre la société (recruté le plus souvent parmi les célibataires), ce nombre, disons-nous, grandit tous les jours, par le manque d'initiative de nos hommes d'Etat; cette arme devient une cause de ruine pour la République : aussi faut-il s'en servir pour son affermissement, tout en la rendant plus puissante, plus salutaire et moins dangereuse. On entrera dans cette voie en adoptant la famille entière, représentée par son chef, comme citoyen politique.

XIII.

Le nombre des ambitions personnelles se trouverait réduit, puisqu'il faudrait avoir des enfants ou en adopter pour être quelque chose dans l'Etat, et ce serait juste ; car les célibataires ou ceux qui n'ont pas d'enfants le plus souvent n'ont qu'à penser à eux : aussi pour la plupart sont-ils impropres à faire des lois pour le soulagement de la famille, puisqu'ils n'en connaissent pas les devoirs.

On nous dira : la famille est un obstacle pour le prêtre, pour l'instituteur primaire, en un mot, pour l'homme réformateur (1) qui veut vouer sa vie à ses semblables. De grands esprits ont traité ces questions avec toute l'étendue qu'elles méritent. Nous ferons observer seulement qu'il est difficile d'apprendre aux autres les droits et les devoirs des citoyens, si l'on ne connaît pas la vie de famille. Nous croyons que la religion devrait commander à ses serviteurs, qui le plus souvent, nous en convenons, sont plus moraux que les autres hommes, de rester dans le monde, afin d'y montrer l'exemple de toutes les vertus. Que deviendra la société, si les bons la désertent !

Nous avons lu un livre plein de charmes, dans lequel un prêtre anglican disait son bonheur d'avoir trouvé une femme digne de comprendre la haute mission qu'il voulait poursuivre en traversant les mers pour aller conver-

tir les Indiens à la sublime morale du christianisme. Loin
de considérer cette femme comme une entrave , c'était
pour lui l'ange consolateur au milieu des déserts ; cette
nouvelle force ajoutée à la sienne devait le rendre invin-
cible.

Nous venons de parler de ceux qui se vouent au célibat par vertu : c'est l'exception ; voyons la règle , et de-
mandons-nous ce que sont ces hommes sur les boule-
varts de nos grandes villes , qui, jeunes encore, sont flé-
tris par la débauche. Ne dirait-on pas des cadavres ambu-
lants ? Ce ne sont pas des corps, mais des ombres qui ne
végètent que par artifice ; aucune grande pensée ne les
émeut ; ils se renferment dans leur égoïsme, et ne vivent
plus que par les sens. Venus au monde dans le luxe, qui
n'est autre chose que de la matière embellie, leur esprit affaibli, qui s'est laissé envahir par elle, sera relégué
aux confins de Dieu qui est partout (même dans les cen-
tres embrasés des globes), sans participer ni agrandir sa
gloire qui vivifie les mondes, semblable en cela, dans l'ordre matériel, à cette goutte d'eau qui, saturée et appesan-
tie par la matière dans sa course terrestre, s'en va froide,
obscure et inutile perdre son individualité au fond des
mers, sans que jamais une nouvelle vaporisation l'élève
pour féconder de nouveau les êtres de création.

Ils ont abusé de tout , car la fortune n'a fermé
aucune porte à la satisfaction de leurs désirs ; ils se
nourrissent d'immoralités, et leur existence se passe
à corrompre les mœurs de la République ; car tout le
monde suit l'exemple de ceux qu'on appelle les heureux de la terre dans leurs débauches , proportionnelle-

ment à la fortune de chacun. C'est ainsi que le corps général de la nation est gangrené par des maladies héréditaires et par le déréglement des mœurs. Ces hommes, d'où nous vient le premier mal, sont les célibataires. Ainsi, le réseau de la loi laisse passer cet abus, qui est gros de plusieurs millions de femmes perdues, sans que la société vienne à leur secours.

On dirait que la société préfère les enfants trouvés qu'elle est obligée de nourrir, et qui finissent par peupler les bagnes, aux enfants légitimes, qui font sa force, tant elle est favorable au célibat.

Et pourtant, que l'on y prenne garde : la fille du peuple ne doit pas être avilie à prix d'or. La famille du pauvre, comme celle du riche, est sous la sauve-garde de la République, qui est bien plus puissante et autrement forte que la monarchie pour faire le bien, puisqu'au lieu d'ordonner au nom d'un seul, elle commande au nom de tous.

Puisque la loi exige la signature de la femme pour un contrat de vente, pourquoi ne serait-elle pas consultée dans les choses immatérielles, qui souvent ont une tout autre importance?

Plus on réfléchit, plus l'on reconnaît l'influence occulte que la femme exerce sur les grandes questions; et l'on arrivera facilement à cette conviction, qu'il n'y a aucun danger à voir cette influence se développer au grand jour, et que c'est indispensable, pour élever sa condition morale, afin qu'il n'entre de *part* et d'*autre* aucun calcul sordide dans le projets d'union, sans qu'on ne le paie bien chèrement le reste de ses jours; en dernière analyse, afin que les enfants soient le fruit d'un amour vrai, et qu'ils n'aient que des exemples de paix et d'union.

On rendrait ainsi les générations plus morales et plus dévouées à un ordre de choses qui est celui qui se prête le plus aux améliorations sociales.

Alors les paroles de Benjamin Constant, dans lesquelles se résument toutes les espérances des républicains sincères, se trouveraient réalisées :

« Si jamais la République devient un moyen de sé-
» curité, de repos, d'indépendance personnelle, de li-
» berté et de garantie pour les spéculations; un moyen
» pour ceux qui n'ont rien, d'acquérir paisiblement, et
» pour ceux qui possèdent, une facilité plus grande de
» jouir de ce qu'ils ont ; j'aurai grand'peur pour la
» royauté. »

---

(1) Les Anglais, qui connaissent toute l'importance du capital, savent très-bien qu'une livre économisée et placée dans le commerce sert comme celle qui est dépensée, non-seulement à faire vivre des milliers d'ouvriers, mais encore que la première seule rapporte un intérêt qui, accumulé, permet d'entreprendre de plus grandes choses. Si nous étions imbus de ces idées, nous trouverions honteux pour notre France que la route de l'Inde, réclamée par le monde entier, ne soit pas finie chez nous, ce qui est très-préjudiciable à nos intérêts.

Tous les grands industriels auxquels appartient l'avenir seront d'accord avec nous lorsque nous disons que la question du prix est insignifiante, lorsqu'il s'agit de l'acquisition d'une machine ; ce dont il faut se préoccuper, c'est l'importance des résultats qu'elle produit et quel est l'appareil mécanique qui donne les résultats d'un chemin de fer.

(2) L'État devrait venir au secours de ces hommes que les intérêts préoccupent moins que les autres, et de tous les employés en général lorsqu'ils deviennent pères de famille. En leur tenant compte à cette époque d'une somme qu'ils seraient obligés de lui rembourser par annuités, ce serait une tontine d'assurances pour la vie, l'avenir de leurs enfants serait assuré, et si leur famille avait la douleur de les perdre, que serait le sacrifice de quelques annuités qu'elle se serait imposé, en comparaison de la perte d'un fils bien-aimé ? L'État se créerait ainsi de nouvelles ressources.